もっと人生は楽しくなる

たぐちひさと

ダイヤモンド社

まえがき

「相手の都合を考えてしまい、思っていることがなかなか言えない」
「助けてくれる人がいても、なかなか甘えることができない」
「職場の人とうまくいっていない」
「自分の言うことを聞いてくれない」
「親であっても本音を話せず相談できない」
「友達に気をつかいすぎて疲れてしまう」
「勝手に決めつけられ、悪口ばかり言われて辛い」

など悩んだことはありませんか？　まわりの人に振りまわされたり、無理してまわりに合わせたり、人間関係で悩む人は多いです。特に家庭や職場の場合、たとえ関係がうまくいってなくても、一緒に過ごさなければなりません。その状況から抜け出せずに苦しんでいる人からよく相談を受けます。ときには1人になることも大切ですが、生きているかぎり人を避けられません。また、1人では限界があり、どうしても人の助けが必要なこともあります。

人間関係の難しいところは、いくら悩んでも、自分でどうにかしようとしても、なかなか解決できないこと。どんなに自分が頑張っても、相手の言動を変えることは難しいからです。

私自身も、どんなに一生懸命頑張っても、自分の思うように相手に動いてもらえず困ったり、ときには残念ながら、自分のことを傷つけるような人に出会ったりすることさえあります。自分に合う人もいれば、自分に合わない人もいるものです。

唯一、自分にできることは、自分の言動を変えること。つまり、相手の言動をどのように受け止めるか、どのように対処するのかが大切です。私はこれまで Instagram で作品を通じて、そのような考え方や方法を紹介してきました。今では 60万人以上の方にフォロー頂き、このような感想を頂いています。

「この言葉を忘れなければ平和に過ごせそうですね。心にとめておきたいと思います」

「長い付き合いだった友人から離れました。とても気が軽くなりました」

「目に見えるものだけではないですよね。励ましてくれてありがとうございます」

少しでも自分の見方を変えたり、自分の言動を変えるだけで、心が楽になることもあります。勝手に自分で思い込んで悩んでいるだけで、相手は何とも思っていないといったことさえあります。

今回、Instagram で好評だった人間関係に関する作品を、1冊の本にまとめました。本書が少しでもあなたの悩みを解消し、自分らしく生きるきっかけになれば幸いです。

CONTENTS

Chapter 4
夫婦について

Chapter 5
親子について

Chapter 6
仕事について

Chapter 1
友情について

1

相手がいる

相手の都合を聞く
相手の好みを知る
相手に手を差し伸べる
少しでもできれば
関係は良くなっていく
相手と比べない
相手に合わせすぎない
相手を気にしすぎない
少しでもやめれば
もっと人生は楽しくなる

2

いいことを言おうとするより余計なことを言わないほうが信頼される

友達だからといって
合わせなくていい
友達だからといって
我慢しなくていい
自分らしくいられるのが
本当の友達

4

可能性を広げてくれて
知らない世界を
教えてくれる人を
大切にする
自分もそうする

5

本当にあなたを
大切に想ってくれる人が
1人いればいい
無理して
好かれなくてもいい

6

好きなことを
やり続けていれば
おのずと
知り合いが増えて
友達になる

7

歳の離れた友達がいると思いがけない世界が待っている

8

親しいというだけで
アドバイスを求めない
経験しているか
乗り越えているか

9

ほどほどに

嫌いな人はいてもいいけど
その人に期待しないこと
少しでも変わることを望み
裏切られれば大嫌いになる
これ以上悪くならないように
頑張ったとしても
今より良くなるとはかぎらない
無理しようとせず
あまり悩みすぎず
ほどほどに付き合えばいい

10

断りなさい

気を遣《つか》うくらいなら
断りなさい
信頼されたいなら
断りなさい
自由になりたいなら
断りなさい
たとえ断っても
ついてきてくれる人を
大切にしなさい

友達の数で
自分の価値を
はからない
友達が多くても
楽しいとはかぎらない

無理に付き合わなくていい人に時間を費やさない一人でいればいい

13

好き嫌いを
軽く話す人は
信用できない
悪口を言うことが
多いから

14

ネガティブな発言が多い人とは二人で会わないこと

人に嫌われないように
目立たないように
ネガティブな
自分を演じて
安心しないこと

心にもないことを言って
自分を見失うことほど
悲しいことはない

17

自分に返ってくる

悪口を言えば
誰かに悪口を言われ
誰かを憎めば
誰かに憎まれて
利用しようとすれば
誰かに利用され
すべて自分に返ってくる

いない人の
悪口を言って
親しさを確認しない
次はあなたの番になる

気にしなくていい

書いてもいないのに
言ってもないのに
勝手にくみとって
批判する人はいる
自分に問題があるのではなく
その人自身に問題がある
感情を扱《あつか》えなくて
まわりにぶつけているだけ
相手にしなくていい
気にしなくていい

失礼な人

傷つけられるのは
敏感なのに
傷つけるのを
気にしない人がいる
失礼な人がいたら
気にしなくていい
あなたが心を痛める
必要なんてない

他人の価値を認めなくてもいいから否定しないこと

何でも
友達に話す
必要はない
言わなくても
いいことはある

断ってもいい

嫌われたくないから
断れないのではない
優しすぎたり
期待に応えようとしたり
相手の気持ちを考えている
断った後のことを考えないこと
今の自分がどう思うか
断ることで続かないなら
そこまでの関係
断ってもいい

24

嫌なら嫌
できないならできない
嫌われたくないと
思うほど
自分を苦しめる

25

嫌なところを
見つけるのではなく
良いところを見つけて
楽しめばいい

裏切られたくないなら
人を信じない
幸せになりたいなら
人を信じなさい

いい人ほど
いい人であることを
相手に求める
人に期待しないことで
嫌いにならずに
すむことはある

別れなさい
それが無理なら
距離を置きなさい
少しずつでいいから
離れなさい

抱え込まない

強そうに見える人ほど
折れやすくて
無理して頑張っている
苦しいときは
打ち明けてもいい
行き詰《づま》ったら
助けを求めてもいい
甘えることは
弱いことではない
頼ることは
恥ずかしいことではない
自分で乗り越えられる
努力には限界がある
一人で抱え込まないように

すべてではない

目立つ人ほど孤独で
よく話す人ほど
寂しがり屋で
おとなしい人ほど
心に秘めていて
努力する人ほど
自信がなくて
頑張っている
目に見えるものだけが
すべてではない

人付き合いが苦手な人の特徴

遠くに知り合いが見えたら
見つからないように歩き
避けられそうになければ
スマホをいじって下を向き
もしも相手に気づかれたら
気づいていないふりをする
寂しいと思ったことがなくて
お昼ぐらいは一人でいたくて
目を見て話すことができず
思うところがあっても
自分から言わず
踏み込んだ話はできない
人が苦手なのではなく
人付き合いが苦手なだけ

コミュ障の特徴

話すときは「あっ」から始まり
声が小さくて
独り言になってしまい
相手と目が合ったら
すぐにそらして
相手が何も話さないと
怖くて仕方がない
本当のことがなかなか言えず
一人きりになってから
反省し始める
コミュニケーションが
人よりも少し苦手なだけ
気にしなくていい

だまされやすい人の特徴

プライドが高く
人の目を気にしすぎて
自分の過ちを認められず
嫌われるのが怖くて
なかなか断れない
誰にでもいい顔をするけど
友達は意外と少なくて
自分のことは
理解されないと感じている
自分だけはだまされないと
思っているのが
だまされやすい人

いいことしか
言わない人は
気をつける
悪いことしか
言わない人は
気にしない

疲れさせる人の特徴

相手の話を聞かずに
自分のことばかり考え
人の話をとってまで
自分の話にもっていき
それなのにもったいぶって
話すこともあって
どうでもいい話が多い
やたらと相手の話を要約し
「あなたのため」と言って
アドバイスをして
わずかな情報で決めつけ
ともかく批判する
そんな人に
振り回されないように

相手の気持ちを勝手に詮索《せんさく》したら疲れるだけ

縁を切りたい人の特徴

困ったときしか
連絡をしてこなくて
よく誰かに嫉妬《しっと》して
悪口を言っていて
自分が一番になるために
誰かを傷つける
平気でうそをつき
感謝の気持ちを忘れ
人の好意をふみにじる
その人と関わっていると
心が疲れるなら
すぐに離れること

信頼される

相手の話をよく聞き
真剣に受け答えをして
少しでも相手の事情を
理解できるように努めて
相手のためになることを
話していれば
信頼されるようになる

泣かせないように

冗談のつもりで言ったとしても
誰かが傷ついたら
ただの悪口
正しいことを言ったとしても
自分で何もしないなら
ただの文句
口に出す前に
本当に伝えることか考える
決して誰かを
泣かせないように

心が乱れているときは
口をつつしむ
口から出た言葉は
なかったことに
できないから

自分次第

友達がいないなら
一人で楽しめばいい
やりたいことがないなら
できることをすればいい
相手が変わらないなら
自分が変わればいい
まだまだやれることは
たくさんある
人生は自分次第で
もっと楽しめる

どれだけ

どれだけお金を稼いでも
どれだけフォロワーがいても
どれだけ権力があっても
幸せには関係ない
本音を話せて
心から頼れる人が
そばにいるほうが
幸せになれる

Chapter 2

友達以上恋人未満について

好きな人

いつも頭の隅《すみ》のどこかにいて
ふとした瞬間に思い出して
思わずにやけてしまい
次に会うのが楽しみになり
会った途端に笑顔になって
何気ない一言でも胸に刺さり
もっと一緒にいたいのに
時間が経つのが早く感じて
別れた途端にすぐに会いたくなり
もう手離したくないのが
本当に好きな人

尊敬できるかできないかで人を見れば間違いはない

好きになる
きっかけは
何でもいい
続くかどうか

頭で好きな人より
心から好きな人を選び
出会えたことに
感謝できる人は
幸せになれる

返信のスピードで
好きか嫌いか
判断しないこと
直接会って
確かめればいい

一度返事がないなら
嫌われてはいない
二度返事がないなら
興味がない
三度返事がないなら
諦めるしかない

あなたではない

恋人を作る気がないのではなく
あなたではない
職場恋愛をしないのではなく
あなたではない
バツイチだからではなく
あなたではない
仕事が忙しいからではなく
あなたではない
勝手に期待しないこと
しがみつこうとしないこと
求めれば求めるほど離れるだけ
自分から離れればいい
他にも素敵な人はたくさんいる

50

自分を変えないと
いけない相手は
ふさわしくない
ありのままの
あなたを求める人が
どこかにいる

自分と全く
同じ考えの人なんていない
いない相手を求めると
不満がたまるだけ
理想もいいけど
ほどほどに

年上か年下かを気にするより精神年齢が上かどうか

好きになったほうが
負けではなく
恋愛を勝ち負けで
判断するのが
負け組

運命の出会いは
素敵な人に
出会うことではない
その出会いを
大切にするかどうか

好きな人は
2、3人いるくらいが
ちょうどいい
選んでくれた人を
大切にすればいい

いい人を探すよりも
まずは自分が
いい人になる

恋の7ステップ

友達に協力してもらい
話す機会を作って
恋したいと言って
恋人がいないことを伝え
気軽に話せるように
LINEのIDをゲットし
SNSで気になる人の
好きなものを把握する
気が合うことをアピールして
グループで遊びにでかけ
時には2人だけで楽しみ
素敵なところを褒める
あとは2人きりの時間を過ごして
告白するだけ

58

本当は好きなのに嫌われるのが怖いから自分から嫌いになる

後悔しないように

約束しなければ
破られることはない
期待もしなければ
失望することもない
何もしなければ
傷つくことはない
振り返って後悔するのは
伝えなかったこと
動き出さなかったこと

告白すれば
いつか後悔は
小さくなるけど
告白しなかった後悔は
いつまでも大きくなる

たとえ生涯で一番
愛すべき人がいても
人は結婚したいときに
一番愛していた人と
結婚するもの

幸せになりたいなら
見る目を養うこと
自信を持つこと

好きすぎると
いい関係は築けない
ほどよい距離を保つこと

好きな人が
好きな人を
諦めるのを
待つくらいなら
他の人へ行けばいい

あざとい女の特徴

好きなタイプは
相手と似ている人を言い
ギャップをアピールして
意外と言われるのを待ち
自分から話題を振っても
自分からは誘わない
さりげなくボディータッチをして
さりげなく上目遣いで話し
さりげなく甘えている
いくらテクニックで
落とせたとしても
幸せにはなれない

女が嫌う女の特徴

男性の前だけ態度が違い
いつもよりも声が高くなり
男性に頼るのがとてもうまくて
当たり前のように男性を褒めて
何かしてもらったら
思いっきり喜び
好意の出し惜しみをしない
自分に自信がありすぎて
まわりを気にしない
なぜかモテるのが
女が嫌いな女

重い女

一方通行のＬＩＮＥを送り
常にＳＮＳをチェックして
友達が少なく趣味がない
好きではない人には
とても冷たくて
全てが好きな人中心で
いつも顔色をうかがい
ケンカをしただけで
泣きたくなる
たとえ別れたとしても
いつまでも
忘れられないのが重い女

愛することは
理解すること
違いを認めること
すべては
相手を知ることから
聴くことから始まる

恋愛の心得7か条

思いやりの形は人それぞれだから
お互い気持ちを口にすること
正しさよりも思いやりを
大切にすること
自分と同じだと考えずに
求めすぎないこと
価値観が違うのは当たり前だから
受け入れようとすること
相手を変えようとするより
自分を変えること

相手に合わせすぎず
自分も大切にすること
自分の気持ちに正直でいること
互いに好きなのに
別れることもあれば
好きなだけでは
乗り越えられないこともある
人は恋をするたびに成長していく

Chapter 3
カップルについて

嫌いになったら
嫌いなところしか
見えなくなる

会いたい人が
いるだけで
幸せなこと
当たり前ではない

これまでの恋愛を
聞くことより
これから一緒に
どうしたいのか
考えればいい

恋愛の問題は
二人の問題
一人で頑張らなくていい
一人で悩まなくていい

寂しい女は
愛されない
寂しいときこそ
相手にぶつけない
求めない

75

寂しさも大切な気持ち否定しないこと

心から好きなら

ルックスが悪い人と付き合ったら
「お金で選んだ」と言われ
イケメンと付き合ったら
「釣り合わない」と言われ
結婚したら
「付き合いが悪い」と言われ
結婚しなかったら
「何か問題ある」と言われる
他人の恋愛に口を出す人は
うらやましいだけ
どんな人と付き合ってもいい
自分が心から好きなら

結婚するかどうか
悩んだなら
その人と一緒にいて
これから
成長できるか考える

ワガママかどうか
決めるのは
あなたではなく
相手が決める
自分を出すこと

お互いに嫌なことはノーと言える関係がいい

最初から理想を
追い求めない
あとから合っているか
確認すればいい

どんなにいい人と
付き合っても
我慢することはある

幸せになる人の特徴

恋愛しなくても
充実していて
ドキドキよりも
安心を求めて
必要とされるよりも
一緒に幸せになろうとし
まわりに流されず
自分を持っていて
いざとなったら
諦めることもできる
自分らしい恋愛をする人が
幸せになる

何かしてもらうより
何かしてあげて
感謝されたほうが
幸せになる

何があっても
疑ったり
試さないこと
信じない人は
信じてもらえない

どんなに離れても
一緒にいない時間が
愛を育てることもある

好きなのに
そばにいられないのは
辛いけれど
そばにいても
信用できないのは
もっと辛い

わかっているはず
好きな人なら
時間を作るし
忙しくても
会いに行く

本当に好きな人は
好きな理由なんて考えない
理由を考えたときから
終わりに向かっている

別れたほうがいいと
思っているなら
答えは決まっている

向き合う

「自分でやるから」と言っても
手伝って欲しくて
「あっちへ行って」と言っても
かまって欲しくて
「勝手にすれば」と言っても
言うことを聞いて欲しくて
「何でもない」と言っても
本当は大丈夫ではなくて
「一人にして」と言っても
そばにいて欲しくて

「別れる」と言っても
ただ謝って欲しいだけ
言葉だけでは
わからないこともある
相手と向き合うこと

あなたが
重いのではなく
相手が軽いだけ

恋人のよさは
自分にだけ
わかりますように

自信がないから
束縛し
自信がないから
浮気される

浮気を防ぎたいなら
四六時中
一緒にいるか
ずっと一緒にいたいと
思わせるか

恋が終わって悲しいのは
傷ついたことより
一人になることより
最後の最後まで
信じられなかったこと

失いたくない人の特徴

その人のためなら
自分が損をしても
気にならなくて
困った時に
真っ先に思い浮かべる
相談すると
自分事のように考え
いつも助けてくれて
その人の言うことなら
信用できる
一緒にいると
時が経つのが早く
別れるときは寂しくなるのが
失いたくない人

ぶつければいい

どうしても許せないなら
どうしても我慢できないなら
その気持ちをぶつければいい
何も伝えずにいたら
いつまでも思い出して
イライラするだけ
ときには余計に傷つき
後悔することもあれば
たとえ今でなくても
別れることだってある
一度ぶつけたら気にしないこと
それ以上考えないこと
もう振り返らずに
前だけを見て進めばいい

好きだったとしても
違和感を感じるのは
自分が変わったから
もう無理して
付き合わなくてもいい

長く付き合ったから
結婚するわけではない
見返りを求めたときから
その恋は終わる

100

現実を知ってしまったら
結婚はできない
勢いも大切

結婚前に確かめたい7か条

家族と仲が良いか
自分の家族も
大切にしてくれるか
面と向かって
お金について話せるか
たとえ価値観が違っても
話し合いができるか
たとえ欠点があっても
許せるかどうか
好きなことは違っても

嫌いなことは一緒か
その人といる自分が好きか
結婚前にわからないこともある
結婚して変わる人だっている
どんなときでも
お互いに尊重しあい
毎日を楽しむしかない

別れた直後に
次の人を探さない
別れをくり返すだけ

好きになったことを
後悔しない
どんな恋でも
無駄な恋は
1つもない

駆け引き

ありのままでいられたらいいと
わかっているはずなのに
うまくいかないと駆け引きして
疲れるのはわかっているのに
どうしてもやめられなくて
不安に押しつぶされそうで
後には引けなくなり

いつのまにか
相手の気持ちは離れていく
駆け引きして失敗するより
そのまま気持ちを伝えれば
きっと後悔は少なくなり
駆け引きするよりも
相手を思いやれば幸せになる

困らせたりして試していると最後はフラれるだけ

思い込みが
すれ違いを生む
避けるためには
いつも相手と
向き合い続けること

幸せにしてもらいたいと
期待していたら
不幸になる
幸せにするより
二人で幸せになる

Chapter 4

夫婦について

108

何に喜ぶかより
相手が何を
幸せに感じるのか
知っていないと
すれ違いは増えていく

相手の良いところを
いつまでも
忘れなければ
関係は続いていく

正しさに
こだわるかぎり
問題は解決しない

ケンカするのは
感謝が足りないから

言わなくても分かると
思うことから
誤解が生まれていく

関係が悪くなるまで
気づかないのが男性
気づいていても
我慢するのが女性
手遅れにならないうちに
話し合うこと

尽くしても
相手に期待せず
察することを
期待するなら
お願いする

頼ることで
喜ばれることもある
迷惑と思わない

ずっと
好きでいることは
簡単ではない
互いに思いあう
気持ちが大切

何度言ってもいい
ありがとうは
言われるほうも
言うほうも
幸せにする

わからない

どんな想いを
しているのかなんて
わからない
どうして
怒っているかなんて
わからない
どんなに
心配しているかなんて
わからない
伝えてくれないと

本当は
悲しいのに
傷ついているのに
自分が悪いと
納得させない

どれだけ
愛されているか
気にするより
どれだけ愛したいかを
考えればいい

自分も大切にする

自然体とは
最低な自分を
出すことではない
気遣いとは
相手の言いなりに
なることではない
相手に合わせることも
大切だけれど
自分のことも大切にする

相手が求めていないのに
余計なことをしない
相手がやるべきことを
肩代わりしない
何もしなくてもいい

心配なときこそ
不安なときこそ
何もしない
安心があるなら
戻ってくる

ダメ夫の特徴

部屋が散らかっても
自分から手伝おうとせず
たまに手伝うと
自慢気に話してきて
いざ自分しかいないと
自分の親を頼り
自分で解決できなければ
すぐにバトンタッチし
仕事と言えば
許されると思っている
二人の子供だから
一人だけ頑張らないように

大事にしているものを
理解してもらえず
軽視されて限界を知る
本当に助けが必要な時に
手を差し伸べない人とは
一緒にいないこと

伝えればいい

いつかわかって
もらえることはない
いつか気づいて
もらえることはない
我慢したとしても
収まることはなくて
察してくれると期待しても
簡単に裏切られるだけ
自分の気持ちを
素直に伝えることでしか
現実は変わらない

二人でないと
幸せになれない人は
いつも幸せになれない
一人でいても
幸せになれる人は
二人でも幸せになれる

結婚しても
何とかならない
結婚しても
悩みはなくならない
結婚する前から
わかっていたはず

信じるのに
理由を求めた時から
すれ違いが
始まっていく

親のために
結婚しても
いつしか
自分のために
離婚して終わる

子供にとって
大切なのは
お母さんが幸せなこと
離婚することも
幸せになる選択

好きと愛の違い

好きになるのは
あっという間だけど
愛するには時間がかかり
好きであればあるほど
関係は崩れやすく
愛しているほど
相手のことを許せる
ずっと好きでいたら
いつか冷めるけど
愛していたら
飽きることはない
好きが愛に変わると
幸せになれる

思い浮かべて
楽しくなるのが友達
思い浮かべて
笑顔になるのが恋人
思い浮かべて
心が温かくなるのが家族

変えなくていい

相手の人生を
変えようとするのではなく
受け入れていくこと
たとえ付き合っても
結婚したとしても
自分の生き方は
変えなくていい
無理して合わせるなら
本当のパートナーではない

最高のパートナー

追いつめられたときに
一番避けたいのは
孤立すること
一人でもいいから
安心できる人が
そばにいれば頑張れる
お互いの弱いところを
認め合い
助け合うことで
最高のパートナーとなる

カップルと夫婦の違い

不安と戦うのが「カップル」
不満と向き合うのが「夫婦」
夢を見るのが「カップル」
現実を見るのが「夫婦」
他人なのが「カップル」
他人と思いたくなるのが「夫婦」
見て見ぬふりするのが「カップル」
欠点を受け入れるのが「夫婦」
快楽を求めるのが「カップル」
忍耐を求められるのが「夫婦」

相手しか見えないのが「カップル」
同じ方向を見るのが「夫婦」
幸せを感じるのが「カップル」
幸せを見いだすのが「夫婦」
互いに歩み寄ることでしか
夫婦は続かない

幸せな夫婦10か条

たとえ担当があっても
任せきりにしないように
問題が起きたら
一緒に考えなさい
二人で無理なら
第三者を頼りなさい
一人で何とかしようとせず
すぐに相談しなさい
大切なことは違うから
繰り返し伝えなさい

価値観が異なるなら
話し合えばいい
二人で決めればいい
他の家庭と比べないように
自分の親を目指さないように
二人だけの幸せを見つけなさい

Chapter 5

親子について

無理しなくていい

寝たいのに寝られなくて
ときには冷たい目で見られて
誰にも辛いと言えなくて
幸せだとわかっていても
なかなか思えないこともあって
投げ出したくなることもある
完璧にできるのが母親ではない
一人でするのが育児ではない
どんなに辛い日だって
子供は成長している

今は先が見えなくても
寂しく思う日が来る
誰に何を言われても
どう見られたとしても
無理しなくていい
もっと楽に生きればいい

理由がある

ベッドに下ろすと泣くのは
不自然な体勢だから
夜中に泣くのは
暑くて頭が熱いから
おんぶされると泣くのは
初めての景色で怖いから
自分では解決できず
ギャップにイライラして
泣くことしかできない
必ず理由はあるから
どうしたいのか向き合うこと

よく話を聞かずに判断すると失敗する

手を抜けばいい

朝ごはんは火を使わない
毎日献立《こんだて》を考えない
自炊にこだわらない
いくら完璧に
家事をしようとしても
家族が幸せとはかぎらない
苦しいまま続けたとしても
苦しい現実が待っているだけ
手を抜けばいい

手を抜いた分だけ
一緒に子供と
楽しめばいい
ちゃんとするだけが
育児ではない

好かれる親の特徴

子どもが質問したら
しっかり答えて
子どもとの約束でも
決して破らず
子どもの代わりに選ばず
結果だけで判断しない
感謝の気持ちを
まわりに伝え続けて
他人の子どもと比べず
子ども扱いしない
自分がされて嫌なことを
子どもにしないこと

144

大人も子どもも
悩みのレベルは
変わらない
子どもの悩みでも
真剣に聞くこと

押しつけない

親がやってもらいたいことと
子供がやりたいことは
異なることが多い
押しつけるのではなく
自分はこう思うと伝える
自分からおすすめすると
子供に抵抗されて
話を聞いてくれない

男の子は「助けて」
女の子は「手伝って」
一番子供が喜ぶ
伝え方をすれば
話を聞いてくれる

求めすぎない

よその子と比べても
何も変わらなくて
必要以上に怒っても
あとで後悔するだけで
1日を理想どおりに
過ごせることはほとんどなくて
変えようと頑張るより
少しでもいいから
変わらない今を楽しむ
いつかそれさえも

できない日がやって来る
思うようにいかないときこそ
成長していると思えばいい
思い通りにならないのは
子どもだけではない
少しでも受け入れる余裕を持つ

尊重する

おとなしくするべき
いい子にするべき
時間通りに動くべき
まわりと同じようにできるべき
言うことを聞くべき
好き嫌いをなくすべき
勉強するべき
すべきと思ったときから
すれ違いが始まり
思うようにいかなくなる

反抗しているのは成長しているから
言うことを聞かないのは
自分の意見を持っているから
血はつながっていても
自分とは同じではない
押し付けすぎたら離れるだけ
誰にでも個性があるから尊重する

できなくても

やればできると
無理して励まさないこと
ダメな時こそ
最後まで信じること
何度注意したとしても
問いつめないこと
先回りして教えようとせず
そばで見守ること
自分の苦しみを
押し付けないこと
思うようにならなくても
束縛しないこと
今はできなくても
子供は成長していく

自分だけではない

泣いているのは
ママを喜ばせたいから
うるさいのは
ママに見てもらいたいから
言うことをきかないのは
ママにかまってほしいから
子供だって
親が見えないところで
頑張っている
自分だけではないことを
忘れないように

自分一人では
子供は育たない
まわりに支えられて
成長していく
一人で頑張らなくていい
もっと頼っていい

いい子育てとは大人と接する機会を増やすこと

子供の
ご機嫌をとって
好かれようとしない
親にも子供にも
役割がある

たくさん失敗しても
見守るだけ
注意するほど
子供は育たない

親が思うほど
子は親のことを
思っていない
期待しないこと

頑張っても
比例しないのが
子育て
期待しすぎない

寄り添う

「危ない」と言うなら
「止まりなさい」と指示し
「うるさい」と言うなら
自分の声で例を見せてみて
「ちょっと待って」と言うなら
具体的な時間を提示して
「いつするの」と言うなら
やる気になるまで待ってみて
「だから言ったのに」と言うなら
どうすればよかったのか問いかけ

「何度言ったらわかるの」と言うなら
一緒に問題について考える
できないことを責めるより
子どもに寄り添うことで
イライラは減っていく

叱らないと
叱れないは違う
本気で叱り
本気で褒めることで
信頼関係が生まれる

知っている

親が思っている以上に
子供は気を遣う
あなたの作り笑いを
子供は知っていて
あなたの優しさも
子供は知っている
ママが心から笑ったとき
子供は一番安心する

完璧でなくていい

自分がしてもらってきたことを
子供にできなくてもいい
手間暇かけなくてもいい
誰かにアピールしなくても
まわりの声を気にしなくても
子供だけは知っている
疲れているなら
手を抜くこと
どうしても辛いなら
助けを求めること
自分が完璧でなくても
子供は育っていく

立派な親で
なくてもいい
子育てで大切なのは
子供が
幸せかどうか

行動だけ

子どもに
「勉強しなさい」と
言うなら
あなたも勉強しなさい
子どもに
我慢を求めるなら
あなたも我慢しなさい
子どもに
何か求めるなら
あなたも応じなさい
子どもが信じるのは
言葉ではなく行動だけ

子どもは
そのままでいい
あなたが変わるだけ

責めなくていい

子供の病気は
親のせいではない
どんなに健康に
気をつけても
病気になる
どうしても避けられない
運命だってある
自分を責めても
子供が悲しむだけ
責めなくていい
受け止めればいい

自分のせいではない

上司への不満を
奥さんにぶつけて
夫への不満を
子供にぶつけて
親への不満を
身近な人にぶつけて
その人が嫌いなのではなく
他の怒りをぶつけているだけ
気にしなくていい

いい母はいない

まっすぐに目を向けられず
向けられた言葉に傷つき
信じられなくなることもある
どれだけ長い時間を
一緒に過ごしたとしても
わだかまりはある
許せないこともある
人であるかぎり完璧ではなくて
わかってくれているようで
わかってくれないこともある

それでもそばであなたを見守り
失敗しても味方でいて
笑顔も涙も受け止めて
愛し続けるのは
お母さんしかいない

できるかぎり

意地悪になったり
理不尽になるのは
病気だから
できるかぎり
気にしないように
親が子供になり
子供が親になる
親からしてもらったことを
できるかぎり返せばいい

忘れない

大切な人の死は
乗り越えられるわけではなく
いつまでも忘れられずに
思い続けるもの
忘れないからこそ
前に進めることもある

最高の親の特徴

自分の常識を押し付けず
たとえ子どもが失敗しても
手を貸さず受け入れて
答えを見つけるまで
じっくり待ってみる
他の子と比べようとせず
短所よりも長所を
見ようとして
子どもの可能性を
最後まで信じるのが
最高の親

子どもは
親の言うことを
聞かなくても
親の生き方は
よく見ている

子供に伝えたい9か条

良い言葉を使って
自分の機嫌をとりなさい
たまには親の言うことを聞きなさい
先のことばかり考えて
悩みすぎないように
自分を信じて
まわりに流されないように
無理は続かないから
頑張りすぎないように
偶然《ぐうぜん》はないから

点と点をつなげなさい
どんな経験も無駄ではないから
楽しもうとしなさい
自分に素直にやりたいように
愛ある言葉を愛ある行動を
自分もまわりも
やさしく思いやるだけで
人生は大きく開ける

Chapter 6
仕事について

何を話したかより
どのようにして
相手の話を
聞いていたかで
人の印象は決まる

内容より気持ちを聞く人ほど聞き上手

正しいことを
言うだけでは
人は動かない
納得できる
理由があるか

熱意は見えないから形で示す

相手が感情的なら
冷静になる
相手が疑うなら信じる
相手に合わせず
反対のことをすれば
うまくいく

離れればいい

ぶつかりそうになったら
聞き流すようにする
ぶつかってしまったら
少し距離を置いてみる
ぶつかったあとは
こんな人だと思っておけばいい
無理して仲良くなる必要はなくて
時間が解決することもある
悩むくらいなら
我慢するくらいなら
今すぐ離れればいい

雑談

雑談が苦手なのではなく
その人が苦手なだけ
雑談できないのではなく
深い話をしたいだけ
雑談する前から
理解してもらえないと
諦めているだけ
少しでも自分の気持ちを話せて
相手の気持ちを
受け止められれば
会話は楽しくなる

自分を売り込むより
相手のよさを
引き出してみる
距離を縮めたいなら
褒めてみる

信用できない人の特徴

初めて会うのに遅刻して
すぐに名乗らず
相手のことを知ろうとせず
自分の言いたいことだけ話し
たとえ謝っても
同じことを繰り返し
自分で考えようとしない
当たり前のことを
当たり前にできる人が
信用される

信用できる人8か条

誰に対しても態度を変えず
相手の話をしっかり聞き
ときには相手のことを思って
本音をぶつけ
どんな状況でも約束を守ろうとし
口だけではなく行動で示す
まわりに流されず
感謝の気持ちを忘れず
時間を大切にする
自分から信用しないと信用されず
日々の積み重ねによって
信用は生まれる

誰でも
感情的になる
そのまま
感情を引きずるか
切り替えられるかだけ

大丈夫ではない

我慢できるから
大丈夫ではない
まだ頑張れるから
大丈夫ではない
無理して
言い聞かせているなら
やめればいい
どうしても辛いなら
休めばいい
頑張るのはいいけど
頑張らなくてもいいときもある

相談したい人

いい人や
優秀な人が
良い相談相手とは
かぎらない
気持ちを否定せず
意見を押し付けず
話を聞いてくれるのが
相談したい人

アドバイスをもらったら
とりあえず感謝する
実行するかは
自分で決めればいい

186

後輩指導6か条

相手の話を聞かず
自分の話ばかりをしないこと
同じことを注意しても
前にも言ったと言わないこと
注意するときは一度だけ
ネチネチ言わないこと
相手の目の前で
他人の悪口を言わないこと
どんなに疲れていても
露骨《ろこつ》にため息をつかないこと
経験があるからといって
上から目線で話さないこと

人を変えたいなら
指摘するよりも
質問する
相手に答えを
出してもらえばいい

最高の上司

仕事で成功するには
世の中の隙間《すきま》から
抜け出さなければならない
思い切ってアイデアを
試してみるには
許してくれる上司が
必要となる
部下を信じて
ときにはかばい
最後まで見守れるのが
最高の上司

良いことを
10ぐらいしても
1しか伝わらない
悪いことを
1つでもしたら
10ぐらいに伝わる

出会い

世の中には合う人
合わない人
会わない人がいる
限られた時間の中で
一人でも多く
会わない人と出会い
一人でも多く
合わない人を
合う人と思えれば
もっと楽しくなる
出会いが人を変えていく

苦手な人と
出会ったとき
どのような自分で
いられるか
試されている

うまくいかないときこそ

人のせいにしたり
八つ当たりをしたり
必要以上にこだわったり
苦しいときは
すべて自分中心で考えている
少しでも心に余裕があれば
心の機微《きび》に気づきやすくなり
批判せずに意見を受け入れ
アイデアが湧いて判断が早くなる
虚勢《きょせい》をはることもなく

自然と感謝の気持ちが生まれて
素直な自分でいられる
うまくいかないときこそ
相手のことを考えていれば
おのずと運がやってくる

193

断り上手な人の特徴

相手の立場も理解して
まずは気持ちを受け止めて
自分は何がダメなのか
頭の中を整理し
優先順位をつけて
後先をしっかり考え
お互いにとって
いい代案を示すのが
断り上手な人

大人の会話

自分でどうしようもできないなら
相手が気の済むまで話を聞き
自分の話は一切しない
話が一区切りしたら
前向きに話題を終わらせ
自分の話をする
相手が聞くようにしてから
伝えるのが大人の会話

評価

いくら頑張っても
認められないこともある
自分より評価される人がいて
悔しいことだってある
いくら考えても
何も変わらなくて
その想いを
まわりにぶつけるほど
可能性はなくなっていく
評価は自分が決めるのではなく

相手が決めるもの
自分だけではない
これ以上期待せず
もう我慢できないなら
今すぐ離れること
あなたの居場所は他にある

出世する人の特徴

相手の好きなこと
嫌いなことがわかり
深くつきあうか
冷静に判断し
適度な距離を保って
地雷をふまず
注意するときは
適切な言葉を使う
自分のことを知っていて
話の食い違いがなく
無駄にイライラしない
たとえアウェイでも
すぐに溶け込めるのが
出世する人

何のために

敵に思っても仕方がない
否定しても何も変わらない
たとえ避けたとしても
また同じ問題を繰り返す
何もしないで
期待しないこと
殻にこもらずに
自分から変わること
自分から信じて
前を見ること
何のために頑張っているか
忘れないように

比べない

誰かと比べて
同じことをするのをやめなさい
誰かと比べるよりも
自分の成長を確かめなさい
誰かと比べられても
気にしないように
上手くいかないときほど
比べないように
人をうらやむほど
大切なものを見失う
ないものをねだるよりも
強がるよりも
ありのままに
自分らしく生きること

馬鹿にされてもいいから
気にしない人になりなさい
怒られてもいいから
次に活かす人になりなさい
嫌われてもいいから
前だけ見る人になりなさい

自分のために

家族のためでも
恋人のためでも
仕事のためでも
自分を犠牲にしないこと
誰かのために
役立つのは良いけど
自分にできるのか
我慢をしていないか
本当にやりたいことなのか
他人からどう思われても
自分の思うように生きればいい

強い女になる6か条

妬むより
妬まれる女になりなさい
捨てられるより
捨てる女になりなさい
騙《だま》すくらいなら
騙される女になりなさい
経済的にも精神的にも
自立しなさい
決して依存しないように
自分が正しいと思ったら
突き進みなさい
決して後ろを
振り返らないように

本を読みなさい

いい先生がいないなら
本を読みなさい
いい親がいないなら
本を読みなさい
いい上司がいないなら
本を読みなさい
本は教えてくれる
これからの生き方を
本は支えてくれる
どんなにつらいときでも

本は助けてくれる
悩んでいるときに
いつでもどこでも
何度でも読めて
学べるのが本の良さ

信じればいい

誰にも教わらなくても
人を好きになれて
誰にも言われなくても
やりたいことは見つけられて
誰にも信じてもらえなくても
挑戦することはできて
大切なことは
誰かに教えてもらうものではなく
自分で気がつくもの
自分の気持ちを信じればいい

病まないための6か条

誰も期待していないのに
完璧にやらないように
誰も求めていないのに
見返りを求めないように
まわりの評価を期待して
頑張らないように
誰も気にしていないのに
考えすぎないように
まわりに流されて
無理して過ごさないように
勝手に誰かと比較して
自分に厳しくしないように

言えないこと

親に言えることもあれば
言えないこともある
恋人に言えることもあれば
言えないこともある
友達に言えることもあれば
言えないこともある
もしも他に頼れる人がいれば
打ち明けてみればいい
あなたのことを
知らないからこそ
わかってくれることもある
誰かに話すことで
救われることはある

助けを求めなさい

自分一人で
生きようとしなくていい
自分の心のうちを
打ち明ければいい
迷惑をかけることを
恐れなくていい
助けてもらったら
次に返せばいい
誰でも悩んでいるから
深刻にならないこと
もっと自分の心に
素直になりなさい
助けを求めなさい

人に好かれたいなら
好かれようと
思わないこと
好きな人を
たくさん作ること

いつもどんなときも
相手のために
ベストを尽くすことで
いい人間関係が
生まれる

どんな人生であっても
最期に思い出すのは
出会った人たち
どんな人に出会い
どのように接してきたか
人を大切にする人が
満足して人生を終える

出会いの数だけ人は成長する

［著者］
たぐちひさと
Instagramで仕事、家族、人生などをテーマとした言葉を綴り、「心に響く」「救われる」と話題に。フォロワー数は60万人を超える。
著書に『20代からの自分を強くする「あかさたなはまやらわ」の法則』（三笠書房）、『そのままでいい』『キミのままでいい』（ディスカヴァー・トゥエンティワン）、『きっと明日はいい日になる』（PHP研究所）、『もうやめよう』（扶桑社）など。

お問い合わせ先（ご感想、ご相談はこちらまで）
info@job-forum.jp
Instagramアカウント　@yumekanau2
TikTokアカウント　@yumekanau2

※本書の感想を「#もっと人生は楽しくなる」でInstagramにご投稿いただければ、
著者がいいね！ しにいきます。

もっと人生は楽しくなる

2021年4月20日　第1刷発行
2024年8月2日　第13刷発行

著　者――たぐちひさと
発行所――ダイヤモンド社
〒150-8409　東京都渋谷区神宮前6-12-17
https://www.diamond.co.jp/
電話／03･5778･7233（編集）　03･5778･7240（販売）

装幀――石間 淳
装画――平のゆきこ
本文デザイン―安賀裕子
校正――三森由紀子　鷗来堂
DTP制作――伏田光宏(F's factory)
製作進行――ダイヤモンド・グラフィック社
印刷――信毎書籍印刷(本文)・新藤慶昌堂(カバー)
製本――ブックアート
編集担当――酒巻良江

ISBN 978-4-478-11273-1